Caisses qu'on en fait ?

22
créations
récup' de caisses,
cageots, cagettes

CAISSES QU'ON EN FAIT ?

MONSIEUR
BENOÎT

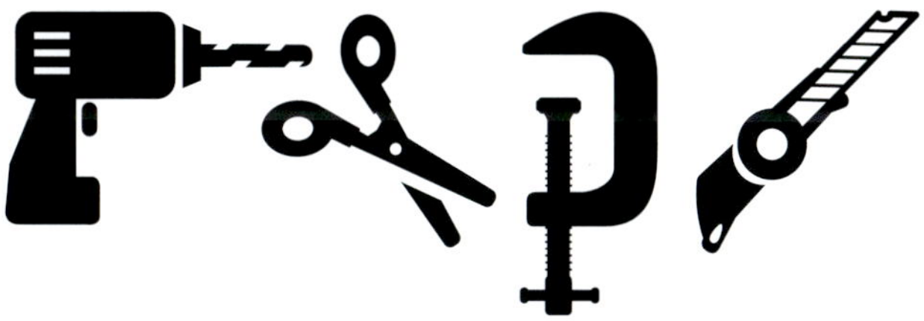

massin

BRIE DE MEAUX
APPELLATION D'ORIGINE PROTÉGÉE
FABRIQUÉ ET AFFINÉ À MEAUX
Terre de Meaux
Moulé à la Main
Lait Cru
LE GAMIN
La Cabane Océane
Guaperal
CHÂTEAU LABARTHE
BORDEAUX

AVANT-PROPOS

La caisse et la cagette en bois sont des éléments de la vie de tous les jours qui présentent plusieurs avantages dans l'art du détournement et la customisation. En effet, elles sont toutes les deux en bois, matériel simple à travailler, et sont souvent rectangles ou de formes basiques, idéales pour un début de création design.
À travers ces 22 créations, simples, ludiques et accessibles, vous trouverez l'inspiration pour créer la lampe, le pouf, le panier ou le bureau qui vous plaira.
La caisse se trouve facilement chez les cavistes ou sur des sites spécialisés qui aujourd'hui déclinent la caisse dans des dimensions grandioses comme la caisse à bouteille balthazar (12 litres), utilisée pour la création du secrétaire enfant. Les cagettes, elles, se récupèrent aisément chez les primeurs et les fromagers.
À vos outils, et bonne création !

SOMMAIRE

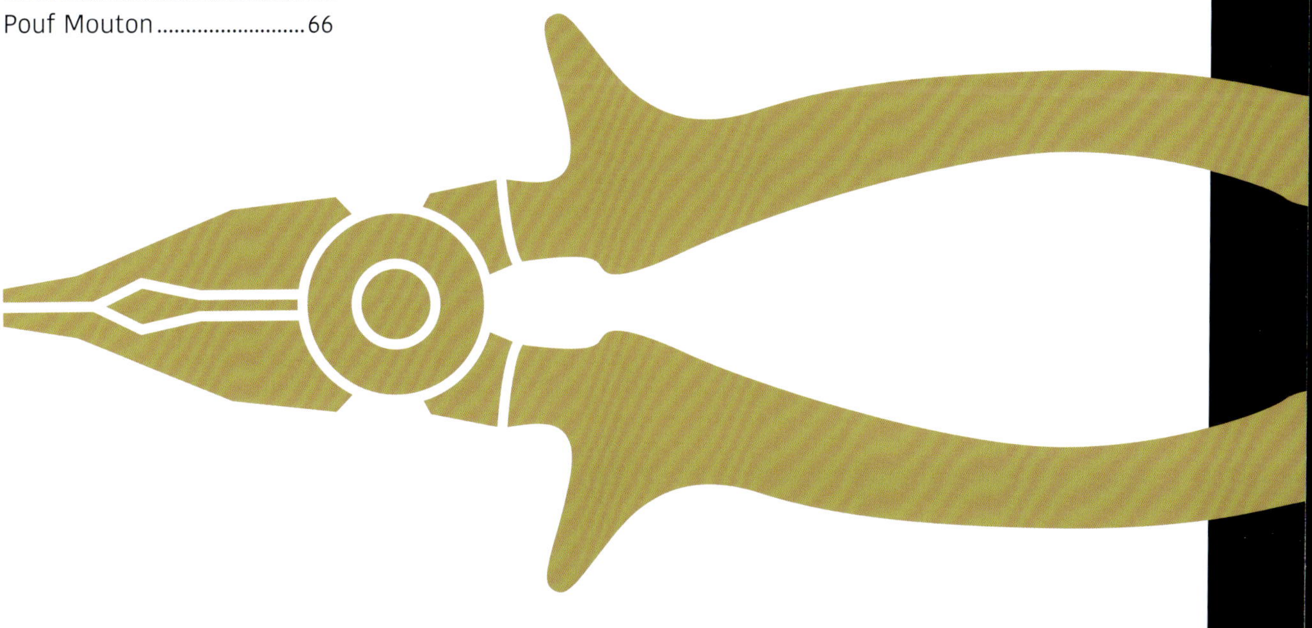

INTRODUCTION

2001
FC

À CHAQUE BOUTEILLE, SA CAISSE

Le format de la caisse à vin varie selon la taille
de la bouteille ou le nombre de bouteilles qu'elle contient.
Il existe une caisse pour chaque bouteille à savoir :

Le piccolo ....0,2 l
La chopine .... 0,25 l
La fillette .... 0,375 l
La bouteille ....0,75 l
Le litre ....1 l
Le magnum ....1,5 l
Le jéroboam .... 3 l
Le réhoboram ....4,5 l
Le mathusalem .... 6 l
Le salmanazar .... 9 l
Le balthazar .... 12 l
Le nabuchodonosor .... 15 l
Le melchior......................... 18 l

Toutes ces variétés de bouteille ouvrent le champ des possibles
en matière de création et éléments de base. Les caisses à vin sont
pour la plupart réalisées en pin, un bois tendre et facile à travailler.

HISTOIRE DE LA CAISSE DE VIN

À l'origine, et pendant tout le Moyen Âge,
le commerce du vin se faisait en barrique.
L'usage voulait que l'on marque les barriques
d'un signe distinctif permettant d'indiquer l'origine
et la provenance. Avec l'apparition des verriers
à Bordeaux, au milieu du XVIIIe siècle, le commerce
du vin évolue, mais lentement.
La bouteille fait son apparition et s'impose petit à petit.
On embouteille le vin, au château si possible.
Cette habitude se développera pendant tout le cours du XIXe siècle.
Ensuite, on trouvera tout naturel de mettre
les bouteilles dans des caisses en bois
pour les transporter et les exporter.

LA CAGETTE, UN PRODUIT ÉCOLOGIQUE

En France, les cagettes en bois que l'on trouve
chez les commerçants et les grandes et moyennes surfaces
sont issues de peupleraies (cultures de peupliers).
Pour le seul marché français, 800 millions à 1 milliard de cagettes
en bois sont fabriquées par an à partir de 60 % des peupliers cultivés
sur le territoire national. Ces derniers couvrent 240 000 hectares,
il s'agit de la troisième production mondiale,
derrière la Chine (4,9 millions ha) et l'Inde (1 million ha).
Le peuplier est un bois tendre, clair et léger qui est idéal
pour la fabrication de cagettes en bois non traitées et qui ne
présente aucune contre-indication au contact alimentaire.
Au niveau environnemental, son bilan carbone est modeste
et bien en dessous de celui du plastique ou du carton,
et la cagette en bois est relativement
économe en eau et énergie.

COMMENT DÉMONTER UNE CAGETTE

Les cagettes sont pour la plupart assemblées
par de grandes agrafes. Il suffit d'un tournevis
et d'une pince pour retirer délicatement chaque agrafe.
Le bois des cagettes est très souple et fragile,
alors lors du retrait des agrafes,
veillez à ne pas trop marquer le bois avec les outils.
Au-delà de l'outillage, munissez-vous
d'une paire de gants de travail afin d'éviter
de vous blesser les mains.

Le MATéRIeL

LE CANNAGE

C'est un matériau simple à travailler mais qui nécessite une manipulation délicate et un respect de quelques règles de base. En effet, le cannage en rouleau demande à être mouillé dans de l'eau chaude une fois la pièce nécessaire découpée. L'eau va permettre au cannage de s'aplanir et surtout de se retendre en séchant, ce qui assurera un beau tendu final. Il est donc impératif de fixer le cannage encore humide.

LA COLLE

Pour coller le tissu, la plume, la passementerie, etc., il est préférable d'utiliser une colle blanche acrylique. Moins nocive, elle devient transparente au séchage et se nettoie facilement. De plus, elle ne rigidifiera pas le tissu comme une colle à solvant. La colle à bois, la colle à tissu et la colle à papier sont des colles blanches utilisables en transversal.

Les outils

LA SCIE SAUTEUSE

Sa capacité à se faufiler dans les endroits exigus et sa facilité à découper en courbes en font un outil polyvalent et utile. La finition de coupe demande en général d'être retravaillée pour lui apporter de la finesse à l'aide d'un léger ponçage au papier de verre à la main.

LA PERCEUSE VISSEUSE

Certainement l'outil indispensable. Sa polyvalence en fait votre allié de tous travaux. Préférez un outil sur batterie pour pouvoir travailler n'importe où sans dépendre d'une prise de courant. C'est l'outil parfait pour un travail en extérieur.

L'AGRAFEUSE

Il existe plusieurs sortes d'agrafeuses, manuelles ou électriques. L'agrafeuse manuelle est souvent utilisée pour des petits travaux ou pour des bois ou supports tendres. Si vous travaillez sur des bois plus durs, préférez l'agrafeuse électrique. Elle est plus puissante et nécessite moins de pression pour bien enfoncer les agrafes. De plus, les agrafeuses électriques sont souvent réglables en termes de puissance. Veillez à choisir des agrafes adaptées à l'épaisseur du bois.

RYOBI
CompressionDrive
ONE+
SPEED MATCH
RYOBI
ONE+
RYOBI
ONE+
Lithium+
4.0Ah
18V
RYOBI
RYOBI

LA PEINTURE

La peinture acrylique est la peinture idéale
pour tous vos travaux de mise en couleur.
Elle présente de multiples avantages en comparaison
avec des peintures glycéro :

- elle se dilue et se nettoie à l'eau,
- elle n'a pas d'odeur,
- elle est indélébile une fois sèche,
- elle s'applique sur de nombreux supports comme le bois, le papier, le carton, le plastique, la pierre, etc.,
- les couleurs sont solides dans le temps,
- elle est plus écologique,
- elle se travaille plus facilement.

Il est cependant nécessaire de bien respecter les temps de séchage entre chaque couche (2 h minimum). Sachez que même sèche au toucher, la peinture reste fraîche au cœur, ce qui implique un temps de séchage complet de 3 semaines pour que la peinture soit vraiment sèche. Donc les supports comme les tables ou autres surfaces vouées à être manipulées nécessiteront un temps de séchage plus long.

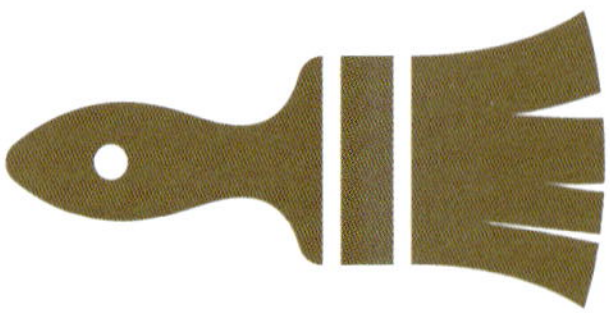

R
R
R

CHÂTEAU
LABARTHE
BORDEAUX

CAISSES EN BOIS

SECRÉTAIRE ENFANT

MATÉRIEL

- 1 caisse à vin avec couvercle coulissant
- 3 caisses à vin simples
- 1 caisse à magnum avec couvercle coulissant
- 1 petite caisse avec couvercle Plexi coulissant
- 1 tasseau pour faire le pied du bureau
- 1 planche de 24 x 67 cm
- 1 grande planche de 67 x 190 cm (fond)
- 1 planche de 60 x 67 cm (bureau)
- 3 ou 4 tasseaux de section carrée 3 x 3 cm
- 1 clou de tapissier
- De la sangle (2 x 80 cm)
- 3 couleurs peinture acrylique *Ressource*

OUTILLAGE

- 1 pinceau
- 1 rouleau
- 1 scie sauteuse
- 1 visseuse
- Des vis
- 1 ponceuse
- 1 perceuse
- 1 équerre métal
- Écrous et boulons
- 1 clé anglaise
- 1 marteau et des clous

SECRÉTAIRE ENFANT

RÉALISATION

1. Commencer par couper les tasseaux de section carrée de 3 x 3 cm selon le format de la grande planche afin de donner une impression d'épaisseur de la planche et ainsi les fixations des caisses ne gêneront pas lors de l'installation. Vous avez donc quatre tasseaux à fixer sur les contours de la planche, deux de 190 cm et deux de 61 cm.

2. Avant de peindre les deux planches (fond et bureau), poncer les arêtes et les angles afin de les adoucir. Peindre les planches avec le rouleau en deux couches minimum.

3. Couper le tasseau pour faire le pied de soutien, selon la hauteur de la grande caisse à magnum. Poncer après la coupe et adoucir les arêtes.

4. Retirer le couvercle de la grande caisse à magnum et s'en servir pour créer des étagères intermédiaires. Couper le couvercle avec la scie sauteuse aux mesures des étagères nécessaires. Poncer les arêtes après la coupe. Repérer leurs emplacements, tracer sur la face extérieure de la caisse le centre de l'emplacement des étagères, les placer et les clouer en leur centre. Quatre clous (deux de chaque côté) suffisent.

5. Peindre les caisses à vin et le pied de soutien en tasseau avec une peinture acrylique en deux couches minimum.

6. Peindre la petite caisse et la planche de 24 x 67 cm avec une autre couleur en acrylique, deux couches minimum.

7. Sur le revers de la planche du bureau, repérer l'emplacement du pied et avec les tasseaux de 3 x 3 cm, faire le tour du pied avec quatre sections de bois. Les fixer avec des vis, afin que le pied vienne s'encastrer dedans lors du montage.

IDÉE +

Vous pouvez aussi utiliser un lé de papier peint pour la grande planche de fond à la place de la peinture.

MONTAGE

Travailler à plat pour commencer en couchant la grande planche de fond. Placer la grande caisse de magnum sur le côté en bas. Percer la caisse au fond et la planche de fond. Fixer avec des écrous et des boulons par l'arrière de la planche. Quatre fixations dans les angles suffisent. Disposer les caisses sur la partie supérieure et les fixer de la même façon. Relever la planche. Placer la planche de bureau sur la caisse à magnum et la fixer par l'intérieur de la caisse. Placer l'équerre métal de l'autre côté pour un meilleur soutien. Placer le pied (tasseau) dans l'encadrement sous le bureau. Fixer avec des vis dans les tasseaux et le pied. Pour l'étagère du haut, prendre deux sangles de 80 cm, faire passer la planche dans les sangles en formant deux grosses boucles. Fixer les sangles avec des vis dans la planche de fond. Cacher les vis avec un gros clou de tapissier. Établir l'équilibre de la planche. Le bureau est prêt.

avril

DIABOLO MENTHE
J.HERBIN
ROUILLE D'ANCRE
J.HERBIN
JEAN GIONO
L'HOMME QUI PLANTAIT DES ARBRES

avril
FARROW&BALL

Oswald Wynd
Une odeur de gingembre

BOUT DE CANAPÉ

MATÉRIEL

- 2 caisses à vin
- 1 petite planche
- 1 tourillon en bois
- Du fil à scoubidou
- De la peinture acrylique
  Ressource
- 1 crayon
- 1 réglet
- 4 roulettes

OUTILLAGE

- 1 pinceau
- 1 marteau
- Des clous
- Des vis
- 1 visseuse
- 1 scie
- 1 perceuse
- Du papier de verre

BOUT DE CANAPÉ

RÉALISATION

1. Commencer par couper dans une petite planche une étagère intermédiaire. Couper à la scie et poncer ensuite.

2. Placer l'étagère et faire un repère sur les deux côtés de la caisse. Tirer un trait. Sur ce trait, pré-pointer deux clous par côté. Placer l'étagère de sorte que le repère arrive au centre de la planche et pointer.

3. Couper le tourillon à la dimension de la caisse. Le pointer pour le fixer par les côtés de la caisse.

4. Peindre les deux caisses avec la peinture acrylique en deux couches minimum.

5. Fixer les deux caisses ensemble avec la visseuse et les vis. La retourner et fixer les roulettes.

6. Sous la caisse avec le tourillon, percer un trou sur la bordure tous les centimètres afin de faire passer le fil à scoubidou.

7. Passer le fil par les trous en l'enroulant au passage sur le tourillon, et ce à répétition. Pour finir le fil, faire un nœud.

VACANCE
PAR VOYAGEURS DU MONDE

LAMPE APPLIQUE

MATÉRIEL

- 1 douille électrique
- Du fil électrique déco
- 1 jolie ampoule
- De la peinture acrylique *Ressource*
- De la colle blanche ou à bois
- Du papier à motif
- 1 prise électrique
- 1 crochet d'accroche

OUTILLAGE

- 1 caisse à vin pour 1 bouteille avec couvercle en Plexi
- Du papier de verre
- 1 pinceau
- 1 tournevis d'électricien
- 1 pince à dénuder
- 1 marteau
- 1 perceuse

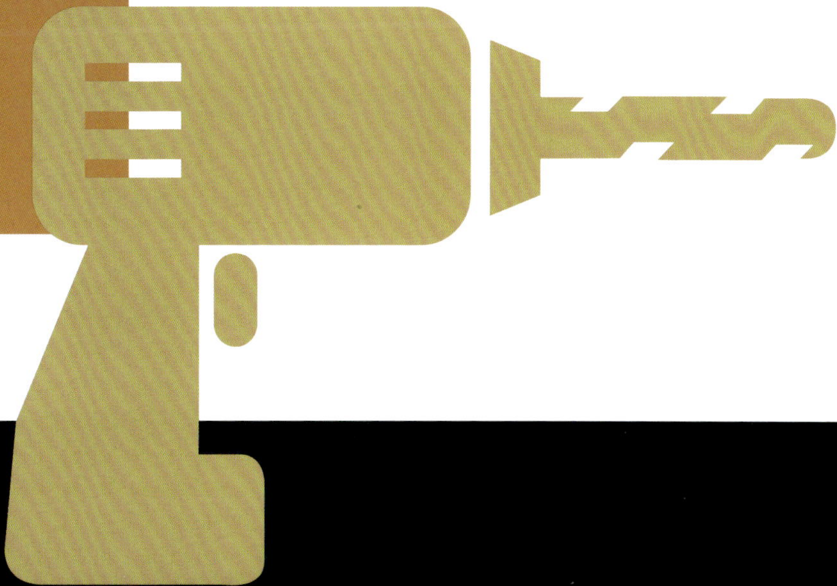

LAMPE APPLIQUE

RÉALISATION

1. Commencer par bien poncer la caisse afin d'obtenir un bois sans aspérités ni traces.

2. Percer un des côtés de la caisse afin de faire l'installation électrique de la douille.

3. Peindre l'intérieur de la caisse avec une peinture acrylique en deux couches. Laisser sécher.

4. Dans un papier de votre choix, découper un rectangle aux mesures du fond de la boîte.

5. Coller le papier dans la boîte.

6. Au dos de la caisse, fixer un crochet d'accroche pour pouvoir par la suite suspendre l'applique contre un mur.

7. Commencer le montage de la douille, avec le fil électrique et la prise.

8. Une fois le montage terminé, il ne reste qu'à visser l'ampoule, refermer avec le couvercle en Plexi et accrocher au mur. Brancher.

IDÉE +

Vous pouvez aussi jouer avec des Plexi colorés ou un simple film gélatine coloré. Pour un effet plus voyage, vous pouvez aussi utiliser de la grille métallique moucharabieh.

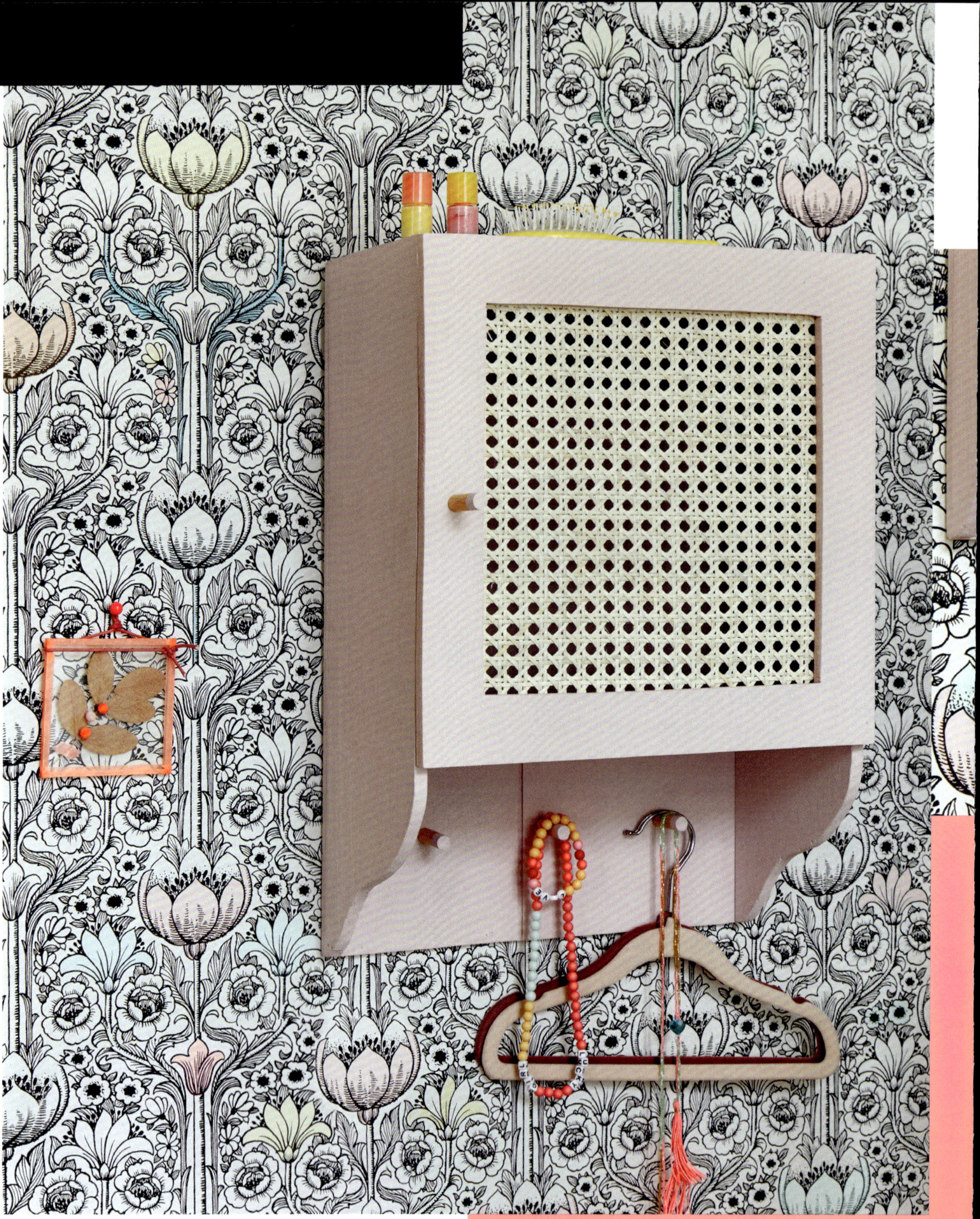

ARMOIRE DE SALLE DE BAINS

MATÉRIEL

- 1 rouleau de cannage
- 1 tourillon en bois (15 cm minimum)
- 2 charnières
- 1 aimant de porte
- De la peinture acrylique *Ressource*
- Du papier et 1 crayon
- 1 caisse à vin de 33 x 55 cm
- 1 planche en bois aux dimensions de 33 x 33 cm
- 1 accroche murale

OUTILLAGE

- 1 scie sauteuse
- Du papier de verre
- 1 tournevis et des vis
- 1 agrafeuse
- 1 pinceau
- Du Scotch de peintre

ARMOIRE DE SALLE DE BAINS

RÉALISATION

1. Commencer par poncer avec le papier de verre l'ensemble de la caisse.

2. À l'aide du tournevis, ôter un côté de largeur de la caisse en prenant soin de ne pas abîmer le bois.

3. Refixer la planche retirée, à 12 cm du bord de l'intérieur de la caisse. Vous obtenez donc une caisse de 33 x 33 cm avec un débord de 12 cm. Sur les 12 cm restants et sur les longueurs, tracer une volute pour la découper ensuite à la scie sauteuse. À l'aide du papier et du crayon, reproduire la même volute sur l'autre côté de la caisse.

4. Sur la planche de 33 x 33 cm qui sera la porte, découper le centre à la scie sauteuse afin de laisser un encadrement de porte de 5 cm de chaque côté. Poncer la découpe pour une finition parfaite.

5. Découper dans le tourillon quatre sections de 3 cm. Recouvrir la moitié des tourillons avec du Scotch de peintre.

6. Peindre en deux couches minimum la caisse, la porte découpée en son centre et les quatre tourillons.

7. Découper dans le rouleau de cannage un carré au format de la découpe du centre de la porte avec un débord de 2 cm de chaque côté. Mouiller le carré de cannage dans l'eau chaude afin de l'assouplir. Le fixer encore mouillé avec l'agrafeuse et laisser sécher afin que le cannage se tende.

8. Fixer la porte sur la caisse avec les deux charnières et fixer l'aimant de porte à l'intérieur de la caisse.

9. Fixer en vissant le tourillon pour la porte afin de créer la poignée.

10. Fixer les trois tourillons sur la partie basse pour créer les trois accroches, en les vissant par l'arrière de la caisse.

11. Fixer une accroche murale sur l'arrière de la caisse.

IDÉE +

Vous pouvez aussi jouer avec des Plexi colorés ou un simple film gélatine coloré. Pour un effet plus voyage, vous pouvez aussi utiliser de la grille métallique moucharabieh.

PROVENCE
Pac

PANIER

MATÉRIEL

- 1 caisse à vin
- 2 cagettes en bois avec un joli décor sur les longueurs
- 1 tourillon de bois
- De la colle à bois
- De la peinture acrylique *Ressource*
- 1 tasseau de bois

OUTILLAGE

- 1 pince
- 1 tournevis
- Des vis
- 1 scie
- 1 perceuse
- 1 pinceau

RÉALISATION

1. Commencer par désosser les cagettes à l'aide d'une pince et d'un tournevis pour ne garder que les longueurs et largeurs latérales avec un joli ornement.

2. Couper les longueurs de cagettes aux dimensions de la caisse à vin. Pour les largeurs, garder l'ornement principal.

3. Couper le tasseau en deux sections d'une trentaine de centimètres. Les fixer, en les vissant à l'intérieur de la caisse. Percer l'extrémité de chaque tasseau pour fixer le tourillon. La poignée est terminée !

4. Peindre la caisse à vin et la poignée avec une peinture acrylique en deux couches minimum.

5. Sur les côtés extérieurs de la caisse, coller les ornements de cagettes conservés. Pour plus de maintien si le bois est légèrement gondolé, vous pouvez utiliser des petits clous.

PROVENCE
Pac

PLATEAU DE JEU ÉCHIQUIER

OUTILLAGE

- 1 cutter
- 1 tapis de coupe
- 1 scie à onglet
- 1 boîte à onglet
- Du papier de verre
- 1 pinceau

MATÉRIEL

- 1 planche de bois de 40 x 40 cm
- Du bois de récup sur les cagettes boulangères, bois souple et fin
- Des galons de tissus
- 1 baguette d'ornement en bois
- De la peinture acrylique *Ressource*
- 1 réglet
- De la colle à bois
- De la teinte à bois chêne brut mat

PLATEAU DE JEU ÉCHIQUIER

RÉALISATION

1. Commencer par désosser les cagettes de récup en ôtant toutes les agrafes. Dans les parties plates, découper au cutter 64 carrés de bois. Teindre 32 carrés de bois avec la teinte à bois, laisser sécher.

2. Avec la scie à onglet et la boîte à onglet, couper la baguette d'ornement afin d'habiller le tour de la planche. Coller les baguettes à la colle à bois. Laisser sécher.

3. Peindre la planche avec sa baguette d'ornement avec une peinture acrylique en deux couches minimum.

4. Tracer les axes au centre de la planche afin de commencer le collage correctement.

5. Coller les carrés en alternant les essences et le sens du bois afin de créer un damier.

6. Compter 8 carrés x 8 carrés. Laisser sécher.

7. Poncer le damier pour niveler l'ensemble.

8. Sur le tour du damier, coller un ou deux galons en tissu afin de finir le plateau de jeu.

IDÉE +

Attention, pour un jeu de dames il vous faudra 100 cases (50 noires, 50 blanches) contre 64 cases pour un échiquier. Vous pouvez cependant jouer aux dames sur un échiquier, c'est la façon anglophone de jouer aux dames.

CADRE AMERICAIN MIROIR

MATÉRIEL

- 1 caisse à vin
- 1 baguette d'encadrement en bois
- Du papier à motif
- 1 vieux miroir
- Du Scotch double face
- De la peinture acrylique *Ressource*
- 1 crochet d'accroche-tableau
- Des ciseaux
- De la colle à bois

OUTILLAGE

- 1 scie et 1 boîte à onglet
- Des pointes sans tête
- 1 marteau
- 1 pinceau
- Des vis
- 1 tournevis

CADRE AMÉRICAIN MIROIR

RÉALISATION

1. Commencer par couper la baguette d'encadrement aux dimensions intérieures de la caisse avec la boîte à onglet.

2. Déposer de la colle à bois sur la tranche de l'ouverture de la caisse et coller l'encadrement. Ajouter des pointes sans tête pour maintenir le cadre. Laisser sécher.

3. Peindre la caisse, extérieur et intérieur, ainsi que le cadre, avec une peinture acrylique en deux couches minimum. Laisser sécher.

4. Découper, au format du fond de la caisse, un rectangle dans du papier à motif et le coller au fond à l'aide du Scotch double face.

5. Fixer une accroche-tableau à l'arrière de la caisse à l'aide de vis.

6. Coller avec le double face le petit miroir au centre du cadre, directement sur le papier. Il ne vous reste plus qu'à l'accrocher et l'utiliser comme une petite vitrine pour y déposer un soliflore.

PORTE-DOCUMENT

MATÉRIEL

- 5 couleurs en peinture acrylique *Ressource*
- 1 planche (type couvercle de caisse à vin coulissant)
- 1 pince-document en laiton
- Du Scotch de peintre
- Du papier de verre
- 1 crayon marqueur noir

OUTILLAGE

- 1 pinceau

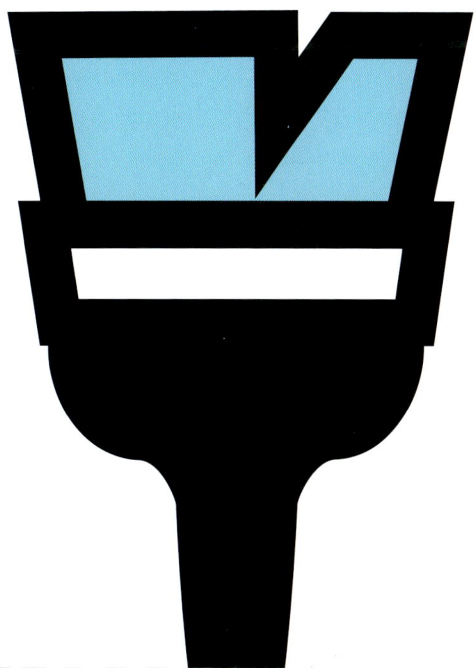

PORTE-DOCUMENT

RÉALISATION

1. Commencer par poncer à la main la planche ainsi que les tranches de la planche.

2. Délimiter des formes géométriques à l'aide du Scotch de peintre.

3. Peindre les formes réalisées en deux couches minimum. Laisser sécher entre chaque couche et chaque forme.

4. Pour donner plus de contraste, réaliser des rectangles avec le Scotch de peintre et tracer des hachures au crayon marqueur en dépassant sur le Scotch. Retirer le Scotch.

5. Accrocher la pince en haut de la planche.

06 12 24 43 18
LILIPINSO
True love for beautiful designs

VALISE

MATÉRIEL

- 2 caisses à vin plates
- 2 charnières piano
- 8 angles de protection en laiton
- 1 fermoir
- 1 poignée de tiroir en laiton
- Du tissu en lin *Pierre Frey*
- De la colle blanche
- De la peinture acrylique *Ressource*

OUTILLAGE

- Des vis
- 1 petit tournevis
- 1 pinceau
- Des pointes fines sans tête

RÉALISATION

1. Commencer par peindre l'intérieur des deux caisses avec une peinture acrylique en deux couches minimum. Laisser sécher.

2. Découper dans le tissu les empiècements des surfaces à recouvrir des deux caisses avec un débord de 1 cm de chaque côté des pièces.

3. Appliquer de la colle blanche sur la grande surface de chaque valise et recouvrir avec le tissu. Coller le débord sur chaque partie de retour.

4. Coller ensuite une à une chaque partie à recouvrir, en réalisant un retour intérieur afin que le tissu ne s'effiloche pas. Maintenir les pièces collées avec des fines pointes sans tête à peine enfoncées, comme une épingle. Laisser sécher.

5. Fixer les charnières piano sur les tranches des caisses afin de former la valise.

6. Fixer les angles en laiton à chaque coin en les vissant.

7. Fixer le fermoir.

8. Fixer la poignée de tiroir en guise de poignée de valise.

Bon voyage !

IDÉE +

Pour un effet plus chic et précieux, vous pouvez utiliser du cuir pour recouvrir la valise, mais n'utilisez pas de colle à solvant chimique type Néoprène, préférez la colle blanche.

CHEVET

MATÉRIEL

- 1 caisse en bois
- 1 caisse à vin
- 1 planche
- 1 poignée coquille
- Du papier peint
- De la colle à papier peint
- De la peinture acrylique *Ressource*
- Du papier de verre

OUTILLAGE

- 1 pinceau
- 1 scie sauteuse
- 1 visseuse
- Des vis
- 1 cutter ou des ciseaux

CHEVET

RÉALISATION

1. Commencer par poncer les deux caisses.

2. Couper à la scie sauteuse une étagère dans la planche. La visser directement par les côtés extérieurs de la caisse en veillant que la caisse à vin rentre bien dedans.

3. Peindre en deux couches avec la peinture acrylique, l'intérieur de la grande caisse avec l'étagère.

4. Recouvrir la petite caisse à vin de papier peint en utilisant de la colle. Coller aussi du papier à l'intérieur de la caisse à vin. Fixer la poignée coquille sur le devant de la caisse.

5. Glisser la caisse à vin dans son emplacement pour prendre le rôle de tiroir.

IDÉE +
Si vous n'avez pas de caisse à vin qui rentre pile dans la caisse en bois, vous pouvez bâtir le tiroir avec du carton rigide.

UNDERWOOD
TYPEWRITER
MADE IN U.S. OF AMERICA
COMPANY
NEW YORK
SPEEDS THE WORLD'S BUSINESS
UNDERWOOD ELLIOTT FISHER

APPY

POUF MOUTON

MATÉRIEL

- 1 caisse à vin
- 1 long tourillon grosse section
- De la mousse de 3 cm d'épaisseur
- Du tissu moumoute
- 1 aiguille courbée
- Du fil à coudre blanc
- 1 réglet
- 1 crayon

OUTILLAGE

- 1 agrafeuse
- 1 visseuse
- Des vis
- Des agrafes
- 1 cutter ou des ciseaux
- 1 scie

RÉALISATION

1. Commencer par scier le tourillon de façon à faire quatre pieds d'une hauteur variant de 40 à 45 cm.

2. Fixer les pieds par une vis sur le dessus de l'assise en plaquant chaque pied dans les coins.

3. Reporter au crayon sur la mousse, chaque surface de la caisse à recouvrir et découper ces formes aux ciseaux ou au cutter.

4. Pour faciliter le placage de la mousse sur chaque face de la caisse, couper les arêtes sur une face de chaque forme. La face coupée est celle qui sera contre le bois et agrafer la mousse en plaquant l'arête extérieure saillante contre le bois. On appelle cette application « ramener les angles à zéro ». Faire cette opération sur chaque face de la caisse, lui donnant ainsi plus de moelleux et un côté plus rondouillard.

5. Placer le tissu moumoute et le fixer en agrafant sous la caisse.

6. Pour les angles, couper l'excédent de tissu et faire un joli pli intérieur. Coudre avec l'aiguille courbée pour fermer le pli en faisant un point invisible.

7. Recouvrir la totalité des pieds avec le tissu moumoute en agrafant directement dans les pieds.

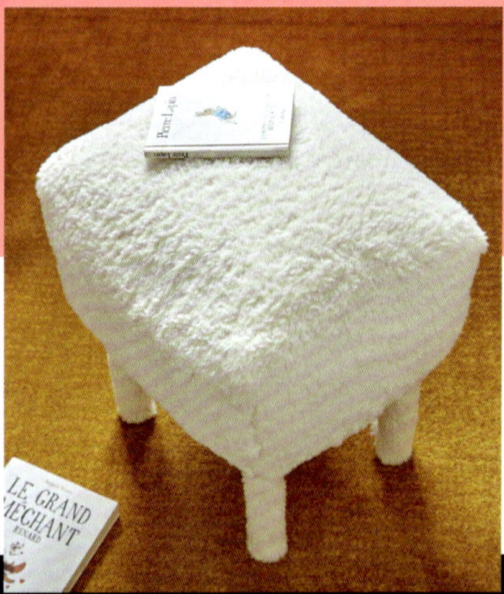

IDÉE +

Pour les plus aguerris, vous pouvez réaliser la tête du mouton et la fixer sur un côté du pouf. Une simple découpe dans un médium assez épais.

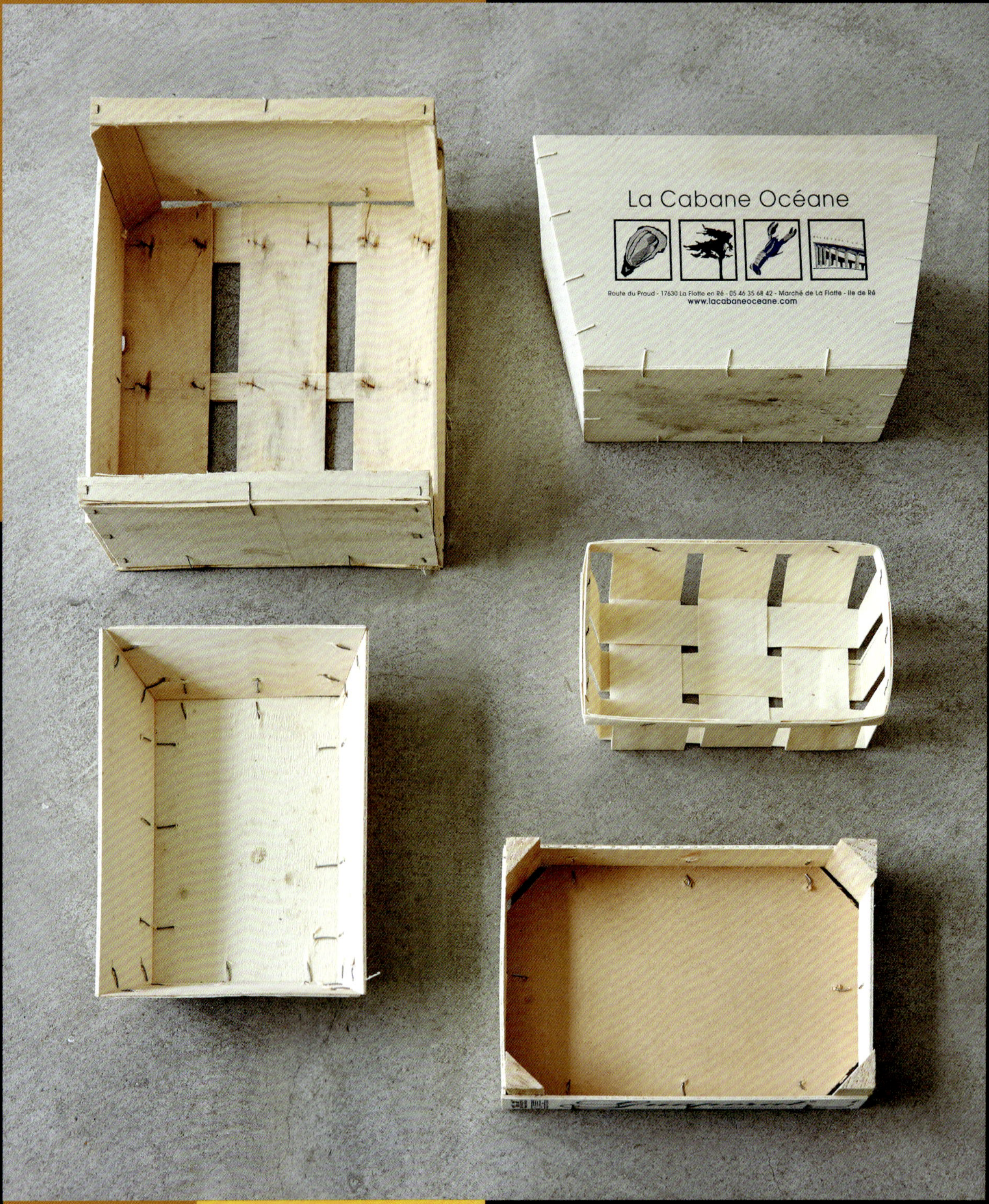
La Cabane Océane
Route du Praud - 17630 La Flotte en Ré - 05 46 35 68 42 - Marché de La Flotte - Ile de Ré
www.lacabaneoceane.com

CAGETTES EN BOIS

Narcissus
Ps:Narciss:

VASE

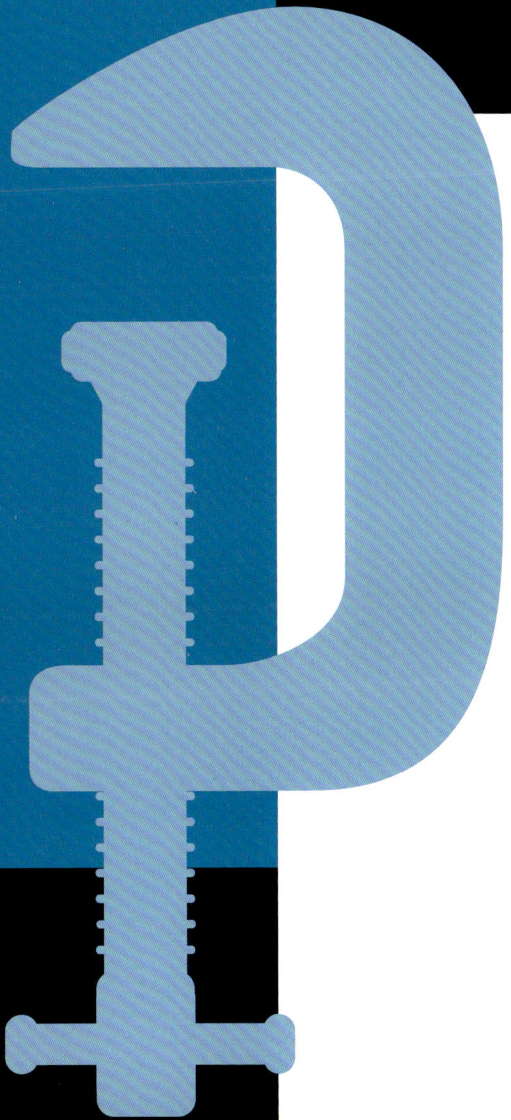

MATÉRIEL

- 1 cagette de fromager
- 3 tubes à essai
- De la colle à bois
- De la peinture acrylique *Ressource*
- 1 tasseau plat 32 mm x 10 mm

OUTILLAGE

- 1 pince
- 1 tournevis
- 1 scie sauteuse
- 1 perceuse
- 1 foret mèche plate
- 1 pinceau
- Des serre-joints
- Du papier de verre

RÉALISATION

1. Selon la taille des tubes à essai, il sera nécessaire de couper la cagette ou pas. Avec du papier de verre, bien poncer la cagette afin d'avoir un beau fini du bois.

2. Peindre la structure de la cagette avec une peinture acrylique en deux couches et laisser sécher.

3. Dans le tasseau plat, couper deux sections, une pour le dessus et une pour le dessous.

4. À l'aide de la mèche plate, percer le tasseau qui sera au-dessus, pour créer les trous des tubes.

5. Dans la deuxième section du tasseau qui sera en dessous, repérer où les tubes tombent et marquer leur emplacement.

6. Percer aussi le deuxième tasseau à la mèche plate pour créer l'emplacement qui retiendra les tubes.

7. Poncer légèrement les trous faits à l'aide de papier de verre. Fixer les tasseaux en les collant et en les maintenant avec les serre-joints. Laisser sécher.

8. Placer les tubes dans les trous créés à cet effet et il ne reste plus qu'à garnir de fleurs.

PIED DE LAMPE

MATÉRIEL

- Du bois de cagette et récupération de bouts de tissus
- De la colle à bois
- 1 prise électrique
- 1 interrupteur
- 1 douille
- Du fil électrique gainé de tissu
- 1 belle ampoule
- Du Scotch de peintre
- 4 couleurs de peinture acrylique camaïeu *Ressource*

OUTILLAGE

- 1 scie à bois
- 1 pinceau
- 1 tournevis
- 1 pince à dénuder
- 2 gros serre-joints
- 1 perceuse
- Du papier de verre
- 1 pince

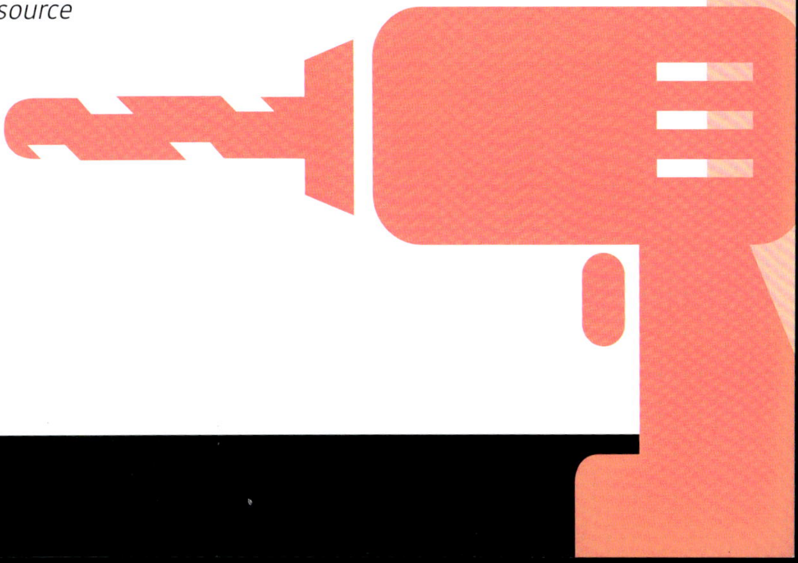

PIED DE LAMPE

RÉALISATION

1. Commencer par désosser la cagette afin de récupérer les tasseaux de bois en coupe triangulaire à l'aide d'une pince. Regrouper différents tasseaux de bois récupérés au fond de l'atelier.

2. Déterminer une hauteur désirée (pour le pied de lampe, la hauteur est de 30 cm environ) et commencer par couper quatre tasseaux de section plus ou moins carrée de 30 cm de hauteur. Les coller en quinconce afin de laisser un creux afin de faire passer le fil électrique par la suite. Répartir la colle sur les tasseaux, les assembler et maintenir la position pendant le temps de séchage à l'aide des deux serre-joints.

3. Couper d'autres tasseaux mais avec des hauteurs différentes (pas au-dessus de 30 cm). Économiser les tasseaux de cagettes en triangle pour l'habillage final du contour.

4. Coller les tasseaux coupés sur les quatre tasseaux centraux, donnant ainsi l'épaisseur et le volume du pied de lampe. Attention, ne pas coller toutes les pièces trop rapidement. Prendre le temps de séchage de la colle avant de recoller un autre tasseau par-dessus. Toujours utiliser les serre-joints lors du séchage pour un meilleur maintien et une bonne adhérence.

5. Une fois le pied de lampe construit, collé et sec, poncer avec un papier de verre pour unifier le tout, et retirer les résidus de colle.

6. Avant de faire le montage électrique, percer à la perceuse dans le creux laissé pour le passage du fil, un trou au diamètre moindre du cul de la douille afin de bien la visser dans le trou. Passer un coup de papier de verre sur le trou pour un fini parfait.

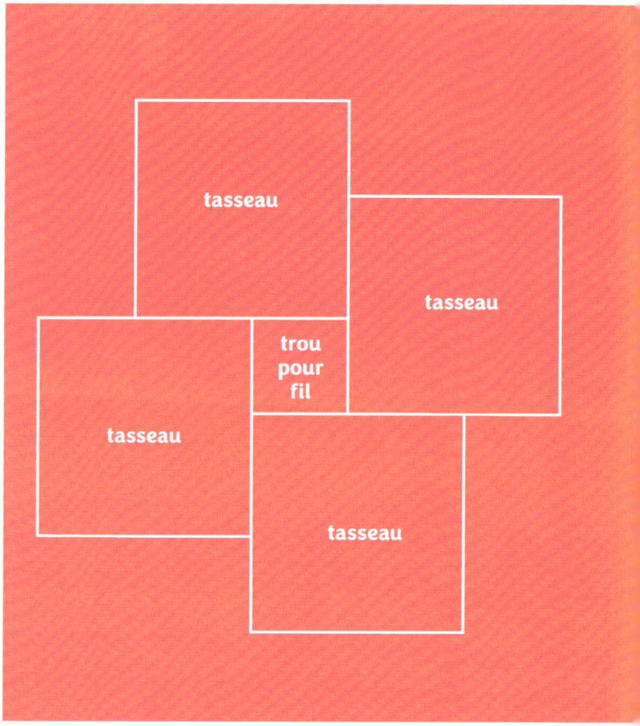

7. Faire le montage électrique avec la prise, le fil et la douille, en passant le fil par le trou central. Bien visser la douille à la base du trou du pied de lampe.

8. Reste à peindre les tranches des tasseaux avec un camaïeu de couleur. Le pied a été peint avec de la peinture acrylique pour un séchage rapide et sans odeur.

9. Visser une belle ampoule (pas trop puissante) pour une lumière ponctuelle.

Francisco

SUSPENSION

MATÉRIEL

- 1 cagette en bois en trapèze
- 1 douille électrique avec bague pour abat-jour
- Du fil électrique
- 1 prise électrique
- 1 peinture acrylique *Ressource*
- Du liquide à dorer *Liberon*
- De la frange au mètre *Houles*
- De la colle à tissu
- Des épingles

OUTILLAGE

- 2 pinceaux
- 1 tournevis d'électricien
- 1 perceuse
- 1 cloche pour perceuse
- Du papier de verre

RÉALISATION

1. Commencer par poncer légèrement la cagette.

2. Percer au centre avec la scie cloche un trou pour faire passer la douille par la suite.

3. Appliquer le liquide à dorer à l'intérieur de la cagette avec un pinceau. Deux couches peuvent être nécessaires selon la porosité du bois. Laisser sécher.

4. Peindre l'extérieur de la cagette avec une peinture acrylique en deux couches minimum. Laisser sécher

5. Coller la frange tout autour de la cagette avec de la colle à tissu et maintenir avec des épingles directement piquées dans le bois. Laisser sécher.

6. Faire le montage électrique avec le fil, la prise et la douille.

7. Comme un abat-jour, maintenir la cagette avec l'anneau de la douille, visser une ampoule et brancher !

IDÉE +

Pour un style moins casino, jouez le côté Robinson en collant directement sur le dessus de la cagette des brins de raphia qui pendent afin de remplacer la frange.

GUIRLANDE ENFANT

MATÉRIEL

- 2 cagettes de fromager
- De la colle blanche
- Du papier cadeau ou à motif
- De la ficelle de couleur

OUTILLAGE

- 1 tournevis
- 1 pince
- 1 scie
- 1 perceuse
- 1 cutter
- Du papier de verre

GUIRLANDE ENFANT

RÉALISATION

1. Commencer par désosser les cagettes de fromager afin de ne garder que les lattes du fond. Utiliser pour ce faire, un tournevis et une pince afin de retirer les agrafes.

2. Couper les lattes sur 15 cm afin de faire des languettes à l'aide de la scie. Poncer les coupes.

3. Sur les deux tiers des languettes, déposer de la colle blanche et coller le papier cadeau. Faire sur toutes les languettes en variant le papier. Laisser sécher, puis découper au cutter l'excédent de papier.

4. Sur la partie restée bois, percer un petit trou avec la perceuse.

5. Découper une longueur suffisante de fil de couleur, selon votre nombre de languettes et faire passer le fil dans les trous. Afin de les stabiliser, faire un nœud à chaque languette avec le fil de couleur. Il ne reste plus qu'à l'accrocher !

LE GAMIN

SAC EN TISSU

MATÉRIEL

- 1 cagette avec joli motif au niveau des poignées
- Du tissu
- Du fil à broder
- 1 aiguille
- Des ciseaux
- Du fil

OUTILLAGE

- 1 perceuse
- 1 pince
- 1 tournevis
- 1 machine à coudre
- Du papier de verre

SAC EN TISSU

RÉALISATION

1. Commencer par désosser la cagette pour ne garder que les poignées latérales à l'aide de la pince et du tournevis. Poncer les arêtes pour adoucir le bois.

2. Sur le bas de chaque poignée, tirer un trait à 1 cm du bord. Sur ce trait, faire un repère tous les centimètres afin de percer par la suite un petit trou à la perceuse. Renouveler l'opération sur un autre trait tracé 1 cm plus haut afin d'obtenir deux traits percés de trous tous les centimètres.

3. Selon les dimensions des poignées de la cagette, déterminer un patron pour le sac avec une forme légèrement trapèze.

4. Coudre à la machine le sac en laissant une ouverture sur les côtés.

5. Avec une aiguille et du fil à broder, coudre les poignées sur le sac en point de croix en passant par les trous percés.

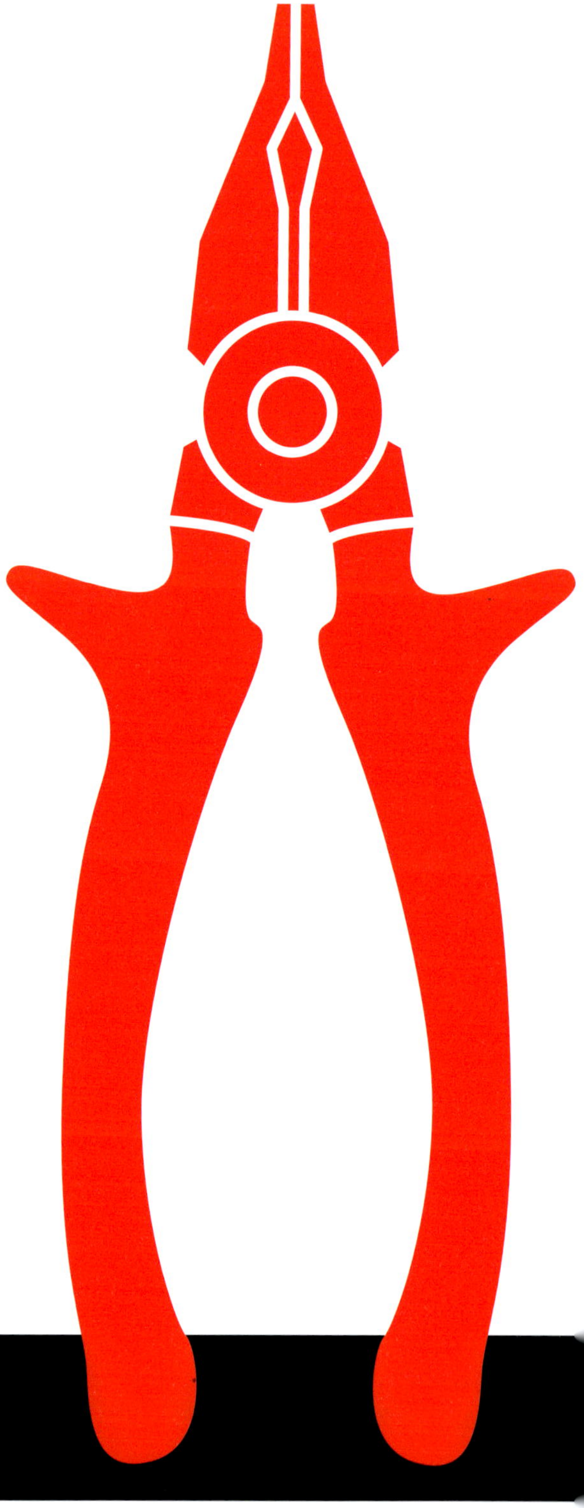

LE GAMIN
CAÑAMAS

Boîtes à bijoux

MATÉRIEL

- 1 grand couvercle de boîte de brie
- 1 boîte à fromage
- 1 petite boîte en bois
- Plume boa *Marabout*
- De la peinture acrylique *Ressource*
- De petites chevilles en bois
- 2 tiges de laiton
- De la colle blanche

OUTILLAGE

- 1 pince
- 1 pinceau
- 1 perceuse avec petit foret

BOÎTES À BIJOUX

RÉALISATION

Le porte-bijoux

1. Prendre le grand couvercle de la boîte de brie et peindre le fond avec une peinture acrylique en deux couches minimum. Laisser sécher.

2. Percer la tranche avec la perceuse et le petit foret afin de faire quatre trous et ainsi passer les tiges de laiton. Veiller à avoir le même espacement entre vos trous, histoire d'être parallèle.

3. Pour maintenir les tiges, les plier à l'aide de la pince.

La boîte à bijoux

1. Commencer par peindre les boîtes en bois avec une peinture acrylique en deux couches minimum. Laisser sécher

2. Avec la scie, couper dans des chevilles de bois, des petits pieds et les coller.

3. Couper une petite longueur de boa en plume et former une boule. La coller sur la boîte avec la colle blanche.

PORTE-LÉGUMES

MATÉRIEL

- 3 petites cagettes de fruits
- Des petits tasseaux 2 x 2 cm
- De la peinture acrylique *Ressource*
- 1 plinthe de bois

OUTILLAGE

- 1 pinceau
- Du papier de verre
- 1 marteau
- Des pointes
- 1 scie
- Des vis
- 1 visseuse

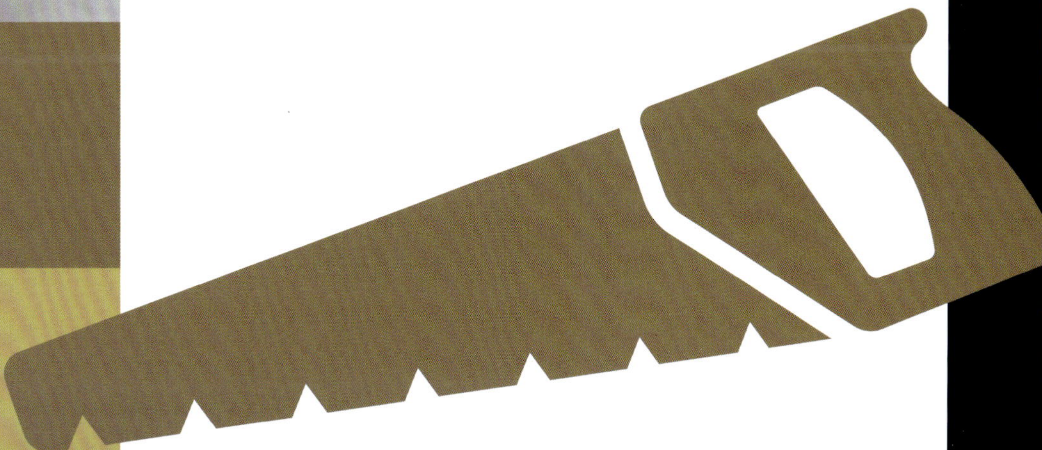

PORTE-LÉGUMES

RÉALISATION

1. Commencer par poncer légèrement les cagettes avec le papier de verre.

2. Peindre les cagettes avec une peinture acrylique en deux couches minimum. Prendre une couleur par cagette. Laisser sécher.

3. Couper environ 2 x 50 cm de plinthe de bois. Ce sera les montants de côté qui seront recoupés.

4. Couper deux tasseaux carrés de 25 cm et les fixer à la perpendiculaire sur le bas de chaque plinthe coupée. Les tasseaux fixés à la pointe et marteau forment ainsi les pieds de stabilité.

5. Fixer les plinthes sur les côtés des cagettes en donnant un peu d'espace entre elles et surtout une inclinaison. Fixer avec des vis et la visseuse.

6. Selon l'inclinaison donnée, couper les plinthes dans l'alignement des cagettes.

IDÉE +

Pour encore plus personnaliser les compartiments, vous pouvez réaliser au pochoir des inscription comme « fruits » ou « légumes » ou autre...

BOÎTE JAPONAISE

MATÉRIEL

- 1 petite cagette à fruits
- 2 sets de table en bambou fin
- De la peinture acrylique *Ressource*
- Des perles
- Du fil
- De la colle blanche
- Du papier à motif
- Du papier de verre

OUTILLAGE

- 1 pinceau
- 1 aiguille
- Des ciseaux
- 1 réglet
- 1 cutter

BOÎTE JAPONAISE

RÉALISATION

1. Commencer par poncer légèrement la cagette avec le papier de verre.

2. Peindre la cagette avec une peinture acrylique en deux couches minimum. Laisser sécher.

3. Selon la largeur de la cagette, couper au cutter les sets de table afin de recouvrir l'ensemble de la cagette.

4. Au dos des sets de table, coller à la colle blanche une feuille de papier à motif, pour donner plus de maintien aux sets.

5. Coller les sets en commençant par le devant partie basse de la boîte, puis continuer sur le dessous et enfin revenir sur le dessus pour faire le couvercle. Laisser 5 cm de retour sur le devant.

6. Pour donner du poids au rabat, coudre simplement des perles avec du fil.

7. Vous pouvez choisir d'y faire un motif à la peinture sur le dessus ou le laisser naturel.

Retinette IA
Kodak
PRONTO

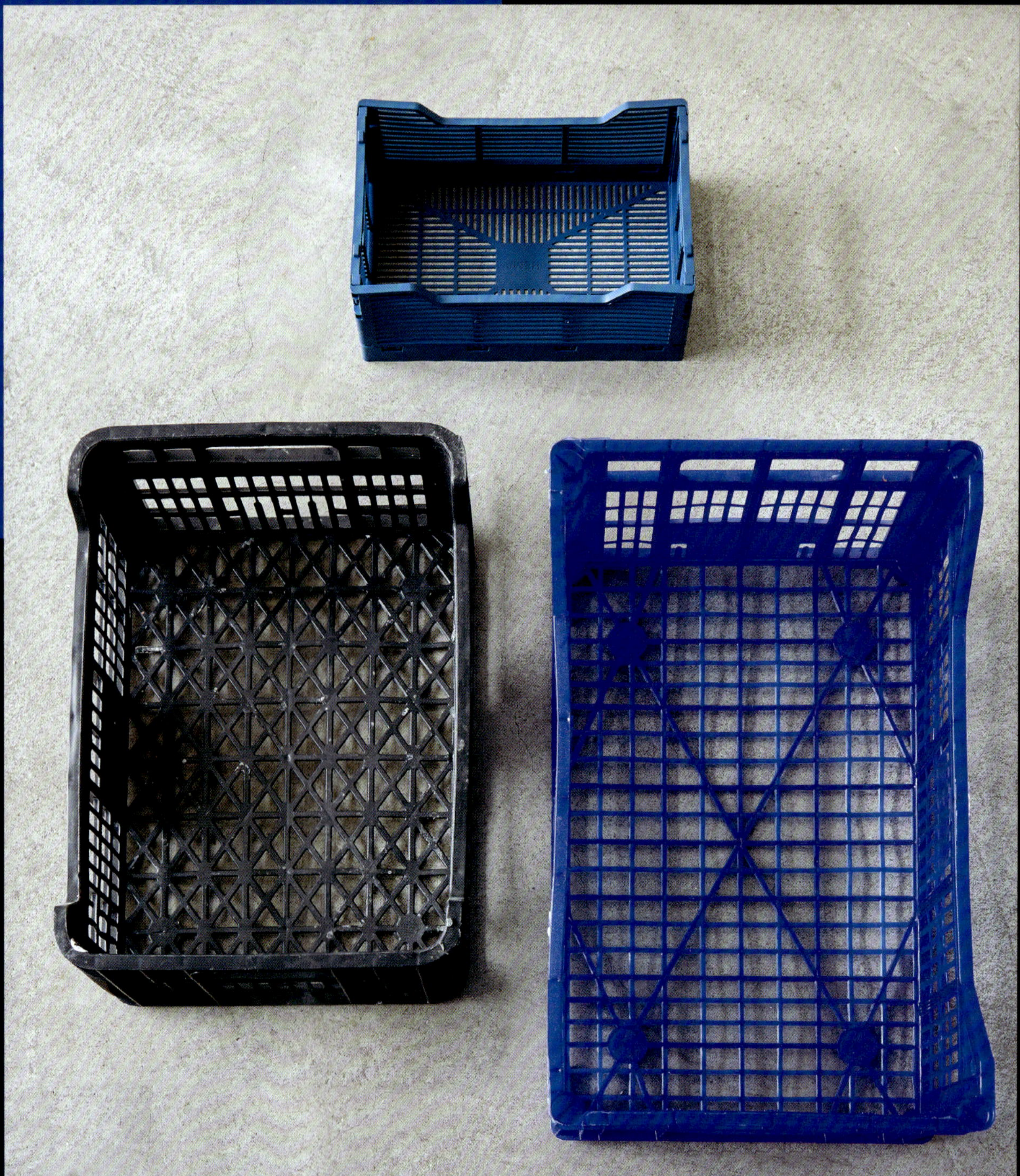

CAISSES EN PLASTIQUE

CAISSES SUSPENDUES

MATÉRIEL

- 2 petites caisses en plastique de couleur
- 4 bobines de fil en bois vides
- Des perles en bois à peindre
- De la ficelle de lin
- De la peinture acrylique *Ressource*
- De la colle

OUTILLAGE

- 1 pinceau
- Des ciseaux
- 1 scie

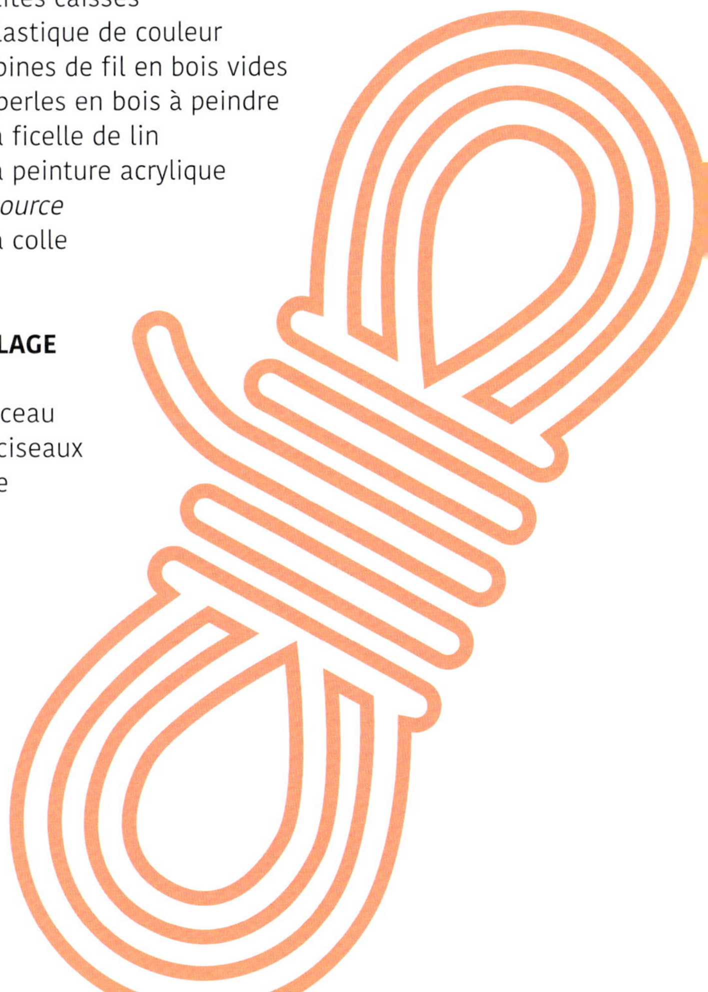

CAISSES SUSPENDUES

RÉALISATION

1. Couper les bobines de bois en deux afin de faire un genre de grosse perle. Les peindre en deux couches minimum avec de la peinture acrylique. Peindre aussi les perles de bois.

2. Couper 8 x 4 m dans la ficelle. Plier au centre afin d'obtenir 16 x 2 m et faire une boucle. Répartir quatre bras composés de quatre fils chacun.

3. Pour réaliser le nouage du macramé, il faut deux fils fixes au centre et les deux fils aux extrémités sont noués ensemble, emprisonnant les deux fils du centre. Pour réaliser une torsade, il faut toujours nouer dans le même sens ; pour réaliser un nouage droit, alterner les sens des nœuds. Faire ainsi pour les quatre bras.

4. Selon votre choix, faire glisser les perles et bobines coupées, pour donner du relief au macramé.

5. Veiller à faire le même nombre de nœuds à chaque bras pour maintenir l'équilibre.

6. Faire passer une caisse en plastique en tissant entre les mailles de la cagette.

7. Terminer par des nœuds et continuer pour la deuxième cagette. Finir par des nœuds à enduire de colle à la fin pour maintenir la ficelle.

Perrier

CHARRETTE ENFANT

MATÉRIEL

- 1 ancienne charrette enfant cassée
- 1 caisse à casier bouteille
- De la peinture acrylique *Ressource*
- 1 planche de bois

OUTILLAGE
- 1 cutter
- 1 visseuse
- Des vis
- 1 pinceau
- Du Scotch de peintre
- 1 scie sauteuse
- Du papier de verre

CHARRETTE ENFANT

RÉALISATION

1. Commencer par retirer les interstices dans la caisse en plastique. Pour ce faire, utiliser un cutter en redoublant de précaution.

2. Sur la planche, tracer le gabarit du fond de la caisse et le découper à la scie sauteuse. Poncer les coupes au papier de verre.

3. De l'ancienne charrette, ne garder que les roulettes et le mât.

4. Peindre le mât avec une peinture acrylique en deux couches minimum. Utiliser du Scotch de peintre si vous désirez garder des parties en bois.

5. Visser le tout (roulettes + caisse + planche de fond) par le dessous des roulettes, avec de grandes vis.

JARDINIÈRE SUR PIED

MATÉRIEL

- 1 caisse en plastique
- 4 carrés en bois de 12 x 12 cm x 4 cm d'épaisseur
- 2 gros tourillons en bois d'une longueur de 1,50 m
- Du fil à scoubidou
- De la peinture acrylique *Ressource*
- 1 crayon
- 1 réglet

OUTILLAGE

- 1 scie sauteuse
- 1 perceuse
- 1 mèche plate de la section des tourillons
- Du papier de verre
- Des ciseaux

JARDINIÈRE SUR PIED

RÉALISATION

1. Avec le crayon et le réglet, tracer sur les carrés de bois, quatre carrés identiques. Repérer le centre sur la longueur et la largeur et tracer. Vous obtenez quatre carrés similaires. Couper à la scie un des quatre carrés tracés afin d'obtenir une forme de L. Poncer.

2. Avec la perceuse et la mèche plate, percer dans les formes en L, là où les tourillons viendront s'encastrer.

3. Couper les tourillons, quatre pour les pieds à hauteur égale, deux pour la largeur de la caisse et deux pour la longueur. Couper aussi deux sections identiques qui s'encastreront dans les L à l'arrière.

4. Construire la structure en emboîtant les tourillons dans les sections. Peindre le tout en deux couches minimum avec de la peinture acrylique. Laisser sécher.

5. Percer les deux montants pour pouvoir tisser le fil à scoubidou. Faire un trou tous les centimètres sur chaque montant.

6. Faire passer le fil à scoubidou et terminer par un nœud pour maintenir le tout.

7. Placer la caisse en plastique et fleurir !

CARNET D'ADRESSES

Peinture RESSOURCE
www.ressource-peintures.com

Caisse à vin MABOUTEILLE.FR
www.mabouteille.fr

Tissu Mauricius PIERRE FREY
www.pierrefrey.com

Tissu Moumoute REINE
www.tissusreine.com

Carcasse Lampe Ets CARRE
www.carcasse-abatjour.com

Frange or HOULES
www.houles.com

Papier cadeau et caisse rose en plastique HEMA
www.hema.com

Outillage (perceuse, agrafeuse, scie sauteuse) RYOBI
https://fr.ryobitools.eu

Monsieur Benoît

Riche d'un parcours éclectique dans l'univers de l'art de vivre, Monsieur Benoît réalise des relookings Déco pour la presse (*Maison créative, Marie Claire Idées*) et la télévision (L'*atelier Déco, Permis de construire, Top tendance*). Il aime relever les défis en optimisant aussi bien les petits espaces qu'en sublimant les grands. Ses créations lient toujours élégance et humour, faisant de ce subtil mélange un onirisme qui lui est propre.

Remerciements de l'auteur

Merci à tous ceux qui ont participé
à la réalisation de ce livre, Ressource-peinture,
Mabouteille.fr, Pierre Frey, Ryobi, et Établissement Carre.

Remerciements de la styliste Dominique Turbé

Merci à Ma Bouteille.fr qui nous a fourni les caisses
à vin pour réaliser ces projets créatifs.

http://www.edmond-fils.com https://www.bloolands.com
https://ressource-peintures.com https://pomponbazar.com/fr
https://www.aubainmarie.com https://mapoesie.fr
https://www.mychatelles.com https://www.robindesbois.com
https://sanderson.sandersondesigngroup.com https://francine-bramli.com
Bijoux de Créateurs Poisson Plume

p23 : chaise miniature Edmond&Fils. Photophores maison Bloolands. Echantillons peinture Ressource - p28 : couverture, coussin et vase GM Pompon Bazar. Vase pm Ma Poésie - p50 : fleurs séchées Pompon Bazar - p58 : vase Pompon Bazar. Fleur métal Au Bain Marie - p62 : Vase, tapis, coussin Pompon Bazar. Sleepers Chatelles
p76 : guéridon Robin des Bois - p82 : tissu ikat Sanderson
p94 : Colliers Leticia Ponti et BO Francine Bramli

Crédits photographiques
© Sandrine Fournier : sauf © Shutterstock : toutes les illustrations, et p.10, 11, 12, 13, 14.

Direction d'édition : Thierry Lamarre - Édition : Marion Pelle
Correction-révision : Isabelle Misery
Conception graphique, mise en pages, couverture : Carole Schilling Design

Éditions Massin - Publiées par Société d'Information et de Créations
SIC - Une société de Marie Claire Album
10, bd des Frères-Voisin 92792 Issy-les-Moulineaux CEDEX 9 - France
Tél. 01 41 46 88 88 - RCS Nanterre 302 114 509
SARL au capital de 822.000 euros - © 2022, Éditions Massin
Société d'Information et de Créations - SIC

PEFC
PEFC/18-32-03
Certifié PEFC
Ce produit est issu de forêts gérées durablement et de sources contrôlées
www.pefc-france.org

ISBN : 978-2-7072-1282-5 - N° Éditeur : 38369
Imprimé par Elcograf, S.p.A., Vérone, Italie- Dépôt légal : mai 2022.

www.sotrendoo.com